LA LUNA

Para Niños

Copyright © 2024 Samuel John

LA LUNA

Antes de empezar, debemos tener bien clara una cosa...

La Luna es un satélite natural.

Y, ¿qué es un satélite? Un satélite es un objeto celeste que orbita alrededor de un planeta. Es decir, da vueltas alrededor de él.

La Luna gira alrededor de la Tierra y es el único satélite natural de nuestro planeta. Sin embargo, en nuestro sistema solar existen cientos de satélites naturales.

LOS MOVIMIENTOS DE LA LUNA

La Luna siempre está en movimiento. ¡Nunca se queda quieta!

¿Sabías que la Luna tarda 28 días en completar una vuelta alrededor de la Tierra? Este recorrido se conoce como movimiento de traslación.

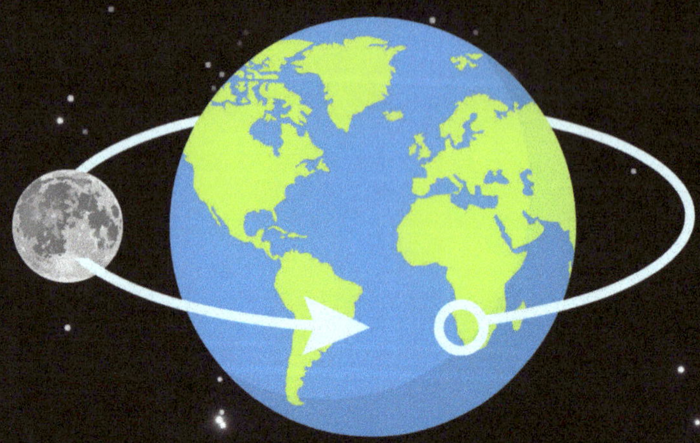

¡Pero eso no es todo! La Luna también realiza otro movimiento: el de rotación. En este movimiento, la Luna gira sobre sí misma, como una peonza o como una bailarina que da vueltas sin moverse del mismo sitio. Y adivina qué, ¡este movimiento también le toma 28 días para completarlo! ¿No te parece sorprendente?

Así que, cuando mires a la Luna, ¡recuerda que estará realizando su maravilloso baile cósmico!

LAS DOS CARAS DE LA LUNA

¿Alguna vez te has preguntado por qué siempre vemos la misma cara de la Luna?

Esto es porque tarda el mismo tiempo en dar una vuelta sobre su eje que en dar una vuelta a la Tierra.

Imagina que estás en el centro de una habitación y un amigo tuyo está a 3 pasos mirando hacia ti. Mientras tú giras sobre ti mismo, tu amigo recorre un movimiento en círculo alrededor de la habitación, sin dejar de mirar hacia ti. ¡Eso es lo que ocurre con la Luna y la Tierra!

Del mismo modo que la Luna tiene una cara siempre visible, también tiene una misteriosa cara oculta que nunca vemos desde la Tierra.

LAS FORMAS DE LA LUNA

¿Por qué la Luna cambia de aspecto en el cielo? ¡Descubramos el misterio de las fases lunares!

Si observamos la Luna durante varios días, notaremos que va cambiando de forma. Estos cambios se conocen como fases lunares y se repiten cada 28 días.

Lo primero que debes saber es que la Luna no tiene luz propia. Entonces, ¿por qué la vemos brillando en la noche? Esto es porque se produce un efecto "espejo". La luz del Sol se refleja en la Luna y por eso la vemos iluminada en el cielo.

Durante su viaje alrededor de la Tierra, la Luna recibe mayor o menor luz del Sol, dependiendo de su posición. ¡Esto es lo que hace que veamos la Luna diferente cada noche!

No te preocupes, lo entenderás mejor a continuación...

LUNA NUEVA

En esta fase, la Luna está situada entre la Tierra y el Sol.

Su parte iluminada apunta hacia el Sol y su cara oscura hacia la Tierra.

Por ese motivo, la Luna casi no es visible en el cielo o, como en algunos casos, no podemos verla.

CUARTO CRECIENTE

Esta fase se produce aproximadamente una semana después de la Luna Nueva.

En esta etapa, una parte de la cara iluminada de la Luna está orientada hacia la Tierra.

Se llama "creciente" porque la parte iluminada que vemos va siendo cada vez mayor.

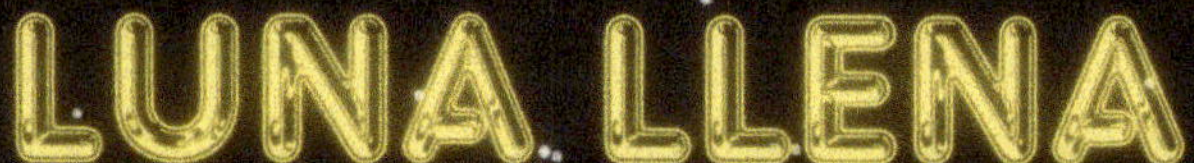

Se produce aproximadamente una semana después del Cuarto Creciente.

En esta fase, la Tierra se encuentra situada entre la Luna y el Sol.

Esto hace que podamos ver en el cielo toda la parte iluminada de la Luna. Se ve "llena", completa.

CUARTO MENGUANTE

Durante esta fase de la Luna, vemos la mitad opuesta de la cara iluminada que veíamos durante el Cuarto Creciente.

Se llama "menguante" porque la parte iluminada va siendo cada vez más pequeña.

Por eso, el Cuarto Menguante, también tiene el nombre de Cuarto Decreciente, porque "decrece" (mengua, encoge, disminuye...).

LA LUNA ES MENTIROSA

Un sencillo truco, para saber si la Luna está en fase de Cuarto Creciente o Cuarto Menguante, es recordar que la Luna es mentirosa.

- Cuando la Luna está en fase de Cuarto Creciente tiene forma de "D".
- Cuando está en fase de Cuarto Decreciente (o menguante) tiene forma de "C".

- Forma de "C"
- Está Menguando
- Cuarto Menguante

- Forma de "D"
- Está Creciendo
- Cuarto Creciente

Así pues, con su forma de "C" parece decirnos que está creciendo, cuando en realidad está decreciendo (menguando). Y, con su forma de "D", nos dice que está decreciendo, cuando realmente está creciendo. ¡Es una mentirosa!

LA LUNA SE ALEJA DE LA TIERRA

La distancia media entre la Tierra y la Luna es de 384.400 km, pero...

¿Sabías que la Luna se aleja de la Tierra casi 4 cm al año (3,82 cm, para ser exacto)?

Eso quiere decir que, hace mucho tiempo, la Luna estuvo más cerca de la Tierra y en un futuro la veremos más alejada de nosotros.

En el pasado

En el futuro

LA LLEGADA DEL HOMBRE A LA LUNA

El 20 de julio de 1969, los astronautas de la misión Apollo 11 llegaron a la Luna.

El comandante Neil Armstrong se convirtió en el primer humano en caminar sobre la Luna, seguido por el piloto Buzz Aldrin.

Recogieron muestras de rocas, colocaron una bandera y regresaron como héroes.

Fue un momento muy emocionante y todo el planeta estuvo siguiendo el evento.

LA GRAVEDAD EN LA LUNA

La gravedad es como un potente imán que nos mantiene atraídos hacia el suelo. Cuando lanzas algo al aire, la gravedad es lo que hace que vuelva rápidamente hacia el suelo.

En la Tierra, ese "imán" es muy potente, pero en la Luna, es mucho más débil.

Si estuvieras en la Luna, ¡pesarías mucho menos!

El peso de un objeto en la Luna es aproximadamente 6 veces menor que en la Tierra.

Por ejemplo: si pesas 30 kg en la Tierra, en la Luna pesarías unos 5 kg (4,96 kg exactamente).

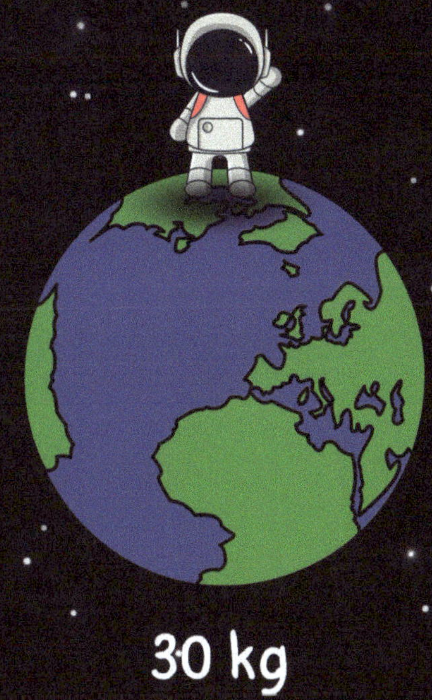

30 kg

5 kg

LOS CRÁTERES DE LA LUNA

Los cráteres de la Luna son hoyos que se forman en su superficie por el impacto de asteroides y meteoritos.

La Luna tiene miles de ellos, debido a todos los impactos que ha sufrido desde hace millones de años.

Así pues, los cráteres son como las cicatrices de la Luna.

Cada vez que mires la Luna, ¡piensa que esos cráteres forman parte de su increíble aventura en el espacio!

¡Hemos llegado al final!

Espero que te haya gustado y que hayas aprendido cosas nuevas.

¡Hasta pronto!

Quiero pedirte un favor para que este libro llegue a más personas, y es que lo valores con una sincera opinión en la plataforma donde lo hayas adquirido.

Con ese pequeño gesto me estarás ayudando a continuar con nuevos proyectos.

¡Estoy deseando empezar a crear mi próximo libro para ti!

Puedes dejar tu reseña directamente aquí. Sólo te llevará unos segundos.

www.amzn.to/3OojXja

Gracias de antemano por dedicarme unos segundos de tu tiempo para compartir tu experiencia. ¡Gracias por tu apoyo!

¡Hasta pronto!

APRENDE CON NUESTROS LIBROS INFANTILES EDUCATIVOS

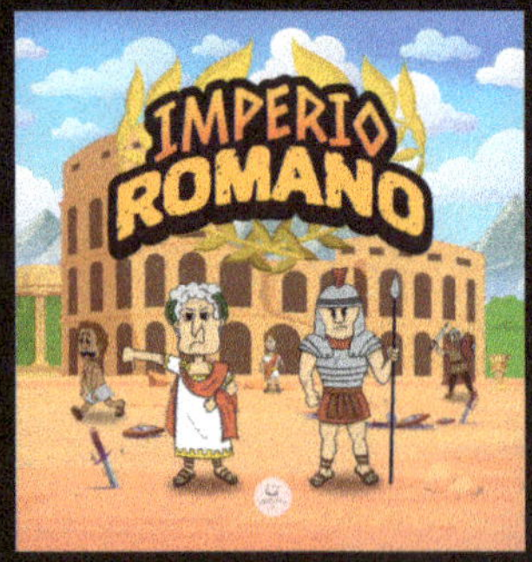

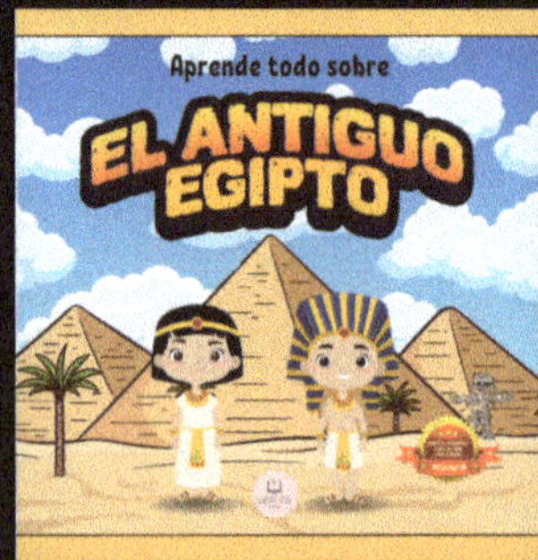

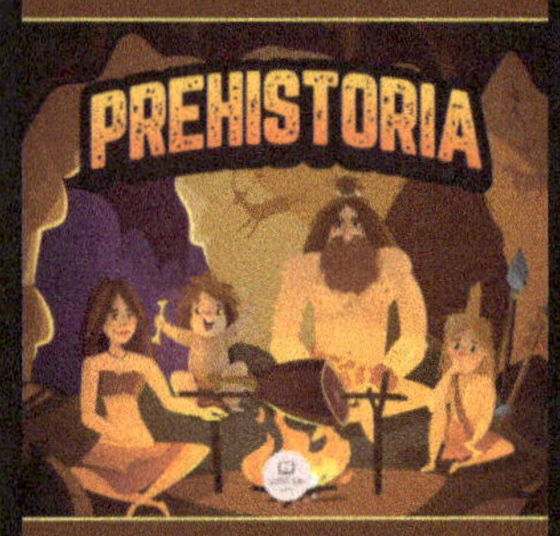

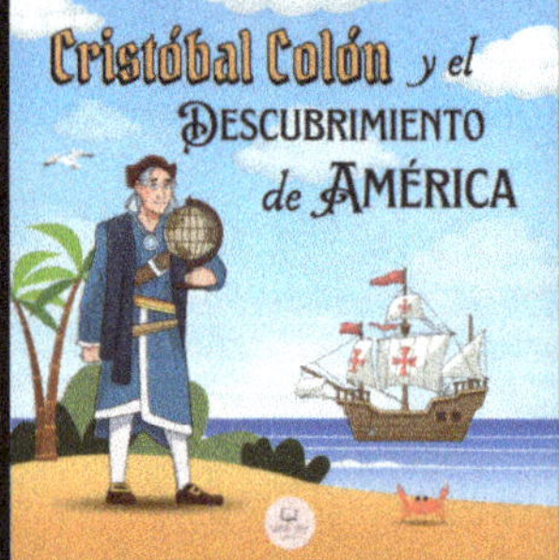

¿Tienes alguna idea para un nuevo libro educativo? ¡Me encanta conocer las opiniones y sugerencias de mis pequeños lectores!

Si hay algún tema que te gustaría que tratase en un próximo libro, ¡házmelo saber! Ponte en contacto conmigo a través de mi correo electrónico y estudiaré tu sugerencia. ¡Recuerda que debe ser un tema educativo!

contacto@samueljohnbooks.com

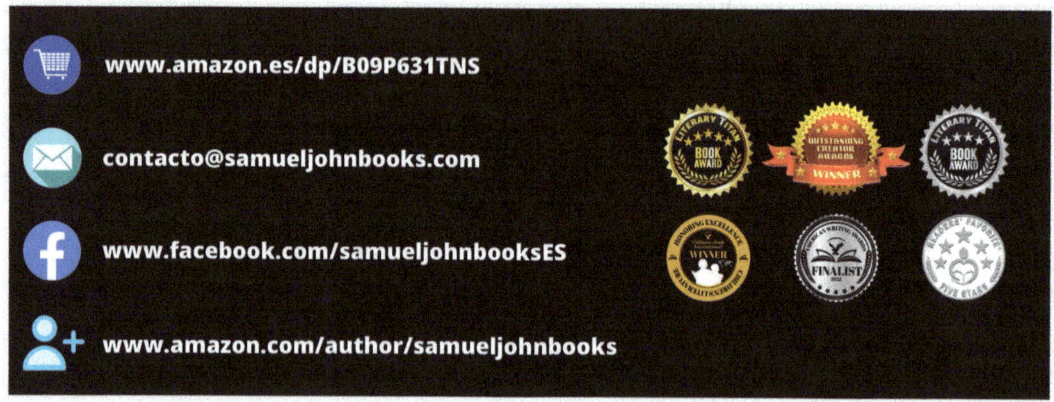

Este libro cobra vida con el audio descargable, perfecto enriquecer la experiencia de lectura de los niños.

www.bit.ly/LaLunaAudio

www.ingramcontent.com/pod-product-compliance
Lightning Source LLC
LaVergne TN
LVHW071001180726
843512LV00017B/1275